I0122496

Le Plateau de Villejuif

Les Hautes Bruyères

ne pas risquer

et le Moulin Saquet

PENDANT LE SIÈGE DE PARIS 1870-71

— • —

Souvenirs

d'un Aumônier militaire

par

L'Abbé ACHILLE MEULEY

Aumônier des Invalides

— • —

PARIS

1902

SOUVENIRS

D'UN AUMONIER MILITAIRE

Septembre 1870

LE

Plateau de Villejuif

Les Hautes Bruyères

ET

Le Moulin Saquet

PENDANT LE SIÈGE DE PARIS

1870-71

SOUVENIRS RÉTROSPECTIFS

D'UN AUMÔNIER MILITAIRE

Par l'Abbé ACHILLE MEULEY

Aumônier des Invalides

LE PLATEAU DE VILLEJUIF

EN 1870

I

ENTRÉE EN CAMPAGNE

Châtillon

J'étais vicaire à Saint-Joseph, dans le faubourg du Temple, quand la guerre fut déclarée. A l'annonce de cette nouvelle, je demandai à servir dans l'armée en qualité d'aumônier militaire. Ma demande resta sans réponse, car je n'étais qu'un jeune prêtre sans appui. Comme la campagne ne devait être qu'une marche triomphale jusqu'à Berlin, on choisit les aumôniers des Tuileries et les prêtres de Paris qui avaient de puissantes protections pour les attacher aux divisions de l'armée du Rhin.

Après les premières défaites, alors que l'on songea à organiser de nouvelles troupes, je renouvelai ma demande qui cette fois fut accueillie. Ma nomination me parvint dans ma famille au lendemain de Sedan et au milieu de l'affolement de l'invasion. Les communications avec Paris étaient encore libres et c'est le jour de la Proclamation de la République que je me présentai au Ministère de la Guerre dans le cabinet de l'abbé Laine, aumônier en chef de l'armée. Mon curé, M. Brazier, avait essayé de me faire renoncer à mon projet sous le prétexte singulier que nos troupes étaient battues et démoralisées, bien que sa pensée fût toute autre. Je lui avais répondu : « C'est précisément pour cela que l'armée a besoin d'aumôniers, » et l'abbé Laine approuva ma résolution en me remettant ma lettre de service.

Nommé le 1ᵉʳ septembre 1870 aumônier de la 2ᵉ division du 13ᵉ corps, je me proposais de rejoindre mon poste lorsque je fus informé par l'Etat-Major du Ministre de la retraite sur Paris du corps du général Vinoy dont ma division faisait partie. Quelques jours après, je me présentai rue d'Albe à mon chef, le général de Maud'huy, qui m'accueillit avec bienveillance en me promettant de me faire prévenir du jour où ses soldats marcheraient au feu. Ma division occupa successivement Neuilly, la redoute de Montretout, Bagatelle et Saint-Mandé. Le 18 septembre, elle reçut l'ordre de s'établir sur le plateau de Villejuif, dont les ouvrages de défense comprenaient les Hautes Bruyères et le moulin Saquet, avec mission de protéger le front sud de Paris contre les Prussiens arrivés aux portes de la ville.

Le lendemain 19 septembre avait lieu le combat de Châtillon. Ce premier engagement fut malheureux pour nos armes et fit mal augurer du succès de la défense. Le général Ducrot, commandant le 14ᵉ corps, attaqua dès la première heure les forces prussiennes, mais un détachement du 1ᵉʳ zouaves, posté à la ferme de Trivaux, fut pris d'une telle panique sous le feu de l'ennemi qu'il se débanda, prit la fuite et vint semer la terreur dans Paris. La division Caussade suivit le mouvement; la journée était perdue.

II

JOURNÉE DU 19 SEPTEMBRE

Notre division avait reçu l'ordre d'opérer une diversion en avant de Villejuif afin de détourner une partie des forces de l'ennemi. De la redoute des Hautes Bruyères, où nous étions campés, un bataillon du 109ᵉ, de la brigade Dumoulin, et une demi-batterie d'artillerie s'étaient avancés sur la route d'Antibes, à gauche de L'hay. Une ligne de tirailleurs se forma dans les pépinières s'avançant dans la direction du village. Il faisait un soleil splendide, il était deux heures : on entendait les derniers coups de canon dans la direction de Châtillon. Tout-à-coup j'aperçois le long du mur du cimetière de L'hay comme de petites fourmis noires qui s'avançaient dans la direction de nos soldats. J'avertis immédiatement le général de Maud'huy qui s'entretenait avec le colonel Crépy, son chef d'Etat-Major. Nous avions sur le front des Hautes Bruyères une batterie de 12. Le général donna l'ordre de tirer sur la ligne des assaillants qui étaient des chasseurs bavarois. Les obus tombaient à cent mètres de l'ennemi qui continuait sa marche en avant. Notre reconnaissance allait être enlevée. Le général, devenu sourd pour s'être tenu trop près du flanc de la batterie, ne savait quels ordres donner et versait des larmes de désespoir. Je demandai alors au colonel Crépy et au commandant Berthaut, chef de l'artillerie, ce qu'ils faisaient de la batterie de mitrailleuses établie à droite du cimetière de Villejuif. Le capitaine Du-

four, qui commandait cette batterie, se demandait comme
moi pourquoi on ne lui donnait pas d'ordres, mais ses
pièces étaient pointées sur les pépinières où les Bavarois
se massaient pour tourner nos tirailleurs. Aussi au premier signal répondit une salve des mitrailleuses. Le tir
était si bien réglé que nous distinguions la poussière sou-
levée par les balles dans les jambes des Bavarois. A la
troisième décharge, ils furent forcés de reculer et à chaque
pépinière ils étaient salués par nos mitrailleuses. Quelques
instants après les brancards et les voitures d'ambulance
vinrent ramasser les morts et les blessés. De notre côté,
quelques soldats étaient revenus touchés légèrement, mais
ils étaient encore blêmes de l'approche de l'ennemi et ils
nous disaient : « Sans les mitrailleuses, nous étions tous
pris, les Prussiens étaient sur nous. »

Nous avions donc infligé un échec à l'ennemi ; aussi ce
fut avec stupéfaction et avec douleur que nous reçumes à
9 heures du soir l'ordre d'abandonner toutes les positions
et de rentrer dans Paris.

Le défilé des troupes de toutes armes et des voitures se
fit sans ordre et avec une lenteur désespérante. Ce n'est
qu'à minuit que je parvins à la barrière d'Italie, et si les
Allemands avaient voulu, dans cette nuit du 19 ils auraient
occupé Paris sans résistance.

Notre défense des Hautes Bruyères leur avait laissé un
tel souvenir qu'ils n'osèrent pas occuper cette forte posi-
tion dans la crainte qu'elle ne fût minée. Notre affolement
fut interprété comme ruse de guerre. Ils se contentèrent
d'y envoyer quelques détachements qui élargirent les
embrasures et relevèrent les distances. Aussi lorsque, le
23, notre division exécuta l'ordre de reprendre les posi-

tions abandonnées, le tir des batteries ennemies fut-il d'une précision remarquable.

La brigade Dumoulin occupa les Hautes Bruyères et le village de Villejuif, pendant que la brigade Blaise s'établissait au moulin Saquet, protégeant Vitry jusqu'à Port à l'Anglais. Notre division fut depuis la seule de la défense de Paris qui ne rentra jamais dans la ville pour se reposer, et qui, loin de perdre du terrain, força l'ennemi à reculer ses tranchées de six cents mètres.

Je dois dire ici que j'avais été reçu avec beaucoup de courtoisie par le général de Maud'huy et les officiers de son Etat-Major. Installés dans les bâtiments évacués de l'hospice de Bicêtre, nous vivions ensemble dans cette sorte d'intimité qu'établit vite la communauté du danger. Aussi j'accompagnais volontiers à cheval dans leurs missions soit le colonel Crépy, chef d'Etat-Major, officier distingué, soit notre sous-intendant Triadou, l'amabilité même, soit le commandant Berthaut, qui, en sa qualité de bourguignon, entamait volontiers des discussions politiques et religieuses. Les jours de calme, je disais ma messe dans la chapelle de Bicêtre et c'était le sous-chef d'Etat-Major qui me la servait, en fidèle breton qu'il était.

Je m'intéressais aux opérations militaires et plus d'une fois je fus à même de donner d'utiles indications. Je souffrais de nos désastres et j'aurais voulu faire quelque chose pour y remédier.

III

BATAILLE DE CHEVILLY

(3o Septembre)

Nous étions à peine fortifiés dans nos positions que le général Vinoy reçut l'ordre du Gouverneur de pousser en avant une reconnaissance offensive.

En face de nous, les Prussiens étaient fortement établis sur une ligne partant de Choisy-le-Roy et s'étendant, en passant par Thiais, Chevilly, l'Hay, jusqu'à Bourg-la-Reine et Bagneux.

L'attaque commença le 3o septembre à 5 heures 1/2 du matin par une vive canonnade qui prévint l'ennemi de nos intentions. Nous avions en ligne 40,000 hommes qui, à 6 heures, ouvrirent un feu violent sur tout le front d'attaque. La brigade Guilhem, composée du 35e et du 42e (la brigade de Rome), fit des prodiges de valeur à l'attaque de Chevilly et son chef tomba glorieusement, le corps percé de dix balles. Vers deux heures, les Allemands nous rendirent sa dépouille que je reçus sur un brancard orné de fleurs et de feuillages.

Que pouvions-nous contre des murs crénelés qu'il aurait fallu tout d'abord abattre à coups de canon. A dix heures l'action était terminée sans résultat : nos pertes étaient considérables.

Mon ambulance avait été établie dans Villejuif, les blessés arrivaient en foule. Le service médical était insuffisant. Nous avions pourtant au milieu de nous le baron

Larrey, médecin en chef de l'Armée, mais il se contentait de donner des ordres. Je prodiguais aux pauvres blessés mes soins en même temps que les secours de la religion, et j'ai conservé le souvenir d'une opération que je fis faire séance tenante. Un jeune soldat avait reçu une balle dans la poitrine : quand sa tunique eut été coupée j'aperçus la balle qui faisait saillie dans le dos du blessé. J'avisai un jeune aide-major arraché au Val-de-Grâce avant la fin de ses études et je lui dis : « Cet homme souffre trop ; on ne peut l'envoyer à l'ambulance avec un simple pansement, faites l'extraction du projectile. » L'opération fut difficile et arrachait des cris de douleur au blessé que je réconfortais de mon mieux. Enfin la balle fut extraite ; elle avait la forme d'un champignon, déformée sans doute par un ricochet avant d'atteindre son but. Je l'ai conservée.

La blessure était cruelle, mais le blessé se sentit soulagé immédiatement. Une quarantaine d'omnibus attendaient à l'entrée du village les blessés qu'ils transportaient dans les hôpitaux de Paris. Ils durent bientôt redescendre jusqu'à Bicêtre, les projectiles ennemis tombant de tous les côtés dans Villejuif, lors du retour offensif des Prussiens.

Je n'ai jamais entendu musique plus infernale que ce jour-là. Le crépitement continu des balles produisait le bruit du bouillonnement d'un métal en fusion ponctué des notes graves de l'artillerie. Quand je rentrai au quartier général, à onze heures et demie, j'étais exténué.

Le combat du 30 septembre avait été une véritable bataille.

Après un repas sommaire, je repris le chemin des Hautes Bruyères pour aller ramasser les morts et recueillir

les blessés. Le général avait donné mission au capitaine
d'Etat-Major de Malglaive d'aller en parlementaire demander un armistice de quelques heures. Nous nous
étions avancés, M. Triadou et moi, suivis de quelques infir-
miers et des voitures d'ambulance, sur le chemin de l'Hay.
Nous étions au milieu des vignes dont les grappes noires
pendaient encore aux ceps. A l'appel du parlementaire,
nous vîmes arriver un officier bavarois monté sur un cheval superbe, c'était le major Von Schlichting, aujourd'hui
commandant de corps d'armée. Les pourparlers s'enga-
gèrent en allemand, mais l'entente fut difficile à établir.
M. de Malglaive demandait qu'on nous laissât pénétrer
jusqu'aux tranchées allemandes, le major Von Schlichting
s'y refusait obstinément pour ne pas livrer le secret de ses
positions. Je jugeai à propos d'intervenir et l'accord se
conclut aussitôt : « Vous avez des voitures, dis-je au major,
amenez-nous à la limite où nous sommes tous nos
blessés, nos voitures les prendront pour les ramener à
Paris. » « *Ia*, » me répondit le major, et le transbordement
commença immédiatement pour se continuer jusqu'à
7 heures 1/2 du soir. Il faisait nuit quand je revins sur un
matelas dans la dernière voiture d'ambulance. Nous avions
recueilli 97 blessés.

Le bruit de la bataille avait attiré sur le plateau de
Villejuif un grand nombre d'ambulanciers de la Presse et
quelques aumôniers volontaires. Sur le chemin de l'Hay,
je rencontrai vers deux heures l'abbé Petit, de la Maison-
Blanche, qui me déclara être prisonnier des Prussiens sur
parole. Je le délivrai aussitôt de captivité, et lui montrant
le chemin des Hautes Bruyères : « Par là, lui dis-je, vous
retrouverez la liberté. » L'abbé Bouquet, aujourd'hui

évêque de Mende, vint me saluer pendant que je causais
avec un jeune sous-lieutenant bavarois chargé de surveiller
le transport des blessés. Comme l'abbé Bouquet portait
un col romain et une croix pectorale de fantaisie, qu'il a
depuis heureusement remplacée par la croix épiscopale,
l'officier allemand, le désignant du doigt, laissa échapper
cette interrogation : *Lazarist ?* Cet officier s'intéressait à
tous les détails. Il me montra une balle de mitrailleuse,
me demandant ce que c'était et ajoutant qu'il en avait
reçu de pareilles dans sa fenêtre à l'Hay. Je lui répondis
que ce devait être une balle de fusil de rempart, ne me
croyant pas obligé de compléter son instruction militaire.
Il se tournait avec inquiétude vers le front des Hautes
Bruyères et me demanda : « Vous nous attaquerez dans
deux heures ? » « Non, lui répondis-je, pas avant d'avoir
reçu tous nos blessés. »

Le lendemain matin je retournai à 7 heures sur le champ
de bataille pour achever l'œuvre interrompue par la nuit.
Dans les vignes, à quelques pas du chemin, je m'entendis
appeler par mon nom. C'était un blessé, le fils Alcan,
resté là depuis la veille. Il avait la jambe traversée par une
balle. « Comment, lui dis-je, n'avez-vous pas appelé
hier ? » — « J'avais bien entendu le bruit des voitures,
répondit-il, mais je croyais que c'étaient des Prussiens, et je
ne voulais pas tomber entre leurs mains. » Sentiment bien
digne d'un Français !

Nous eûmes une alerte. Le général Schmitz, chef
d'Etat-Major du gouverneur Trochu, arrivait sur la route
d'Arcueil avec un brillant état-major, composé surtout
d'officiers de la garde nationale, pour conclure un armistice de quelques heures. Je fis remarquer à un officier de

l'escorte que nous avions obtenu cet armistice la veille,
que cette démarche inutile allait tout compromettre et
nous empêcher de faire notre devoir en effarouchant les
Prussiens. Ce n'est en effet qu'après leur départ qu'il nous
fut possible de ramasser les morts qui étaient restés dans
les vignes de l'Hay et qui furent enterrés dans le cimetière
de Villejuif. Les factionnaires bavarois, qui comprenaient
ma mission, me faisaient signe de la tête que je pouvais
explorer le terrain autour d'eux. Je m'acquittai de mon
mieux de cette triste besogne.

Je pus constater par moi-même combien nos pertes
avaient été cruelles en cette journée, sans autre résultat
que de nous affaiblir. Ma seule consolation était, et je
dois le dire ici une fois pour toutes, que les blessés et
les mourants, officiers et soldats, recevaient avec une joie
touchante les consolations et les secours de la religion. Je
vois encore un pauvre soldat que l'on ramenait sur un
cacolet, la joue traversée d'une balle, me tendre ses bras
sanglants pour m'embrasser.

IV

ATTAQUE DE BAGNEUX

Après la bataille du 30 septembre, on comprit la nécessité de fortifier nos avant-postes en face de Choisy-le-Roi. Le commandant Berthaut reçut l'ordre d'établir une batterie en avant de Vitry. Il me demanda de l'accompagner. L'usine Groult se trouvait en tête du village en face de Choisy : l'emplacement était propice, il fut arrêté. Etant montés jusqu'au belvédère de l'usine, nous apercevions distinctement les Prussiens dans leurs tranchées. Nous nous détachions sur le ciel. « Ils vont tirer sur nous, me dit le commandant. » — « Non, lui répondis-je, car personne n'est encore monté ici et ils n'ont pas d'ordres, mais gare pour demain ! » En effet il nous fut possible de sortir du parc à découvert, et pas une balle ne siffla à nos oreilles. Le lendemain un officier de marine du fort d'Ivry étant monté au belvédère en compagnie de l'aumônier fut salué d'une décharge de Dreyses.

Nous étions revenus ce jour à 9 heures du matin pour voir si la batterie était en état. Tout étant terminé, le commandant fit alors pointer et tirer à 600 mètres sur la première maison de Choisy. Quand le tir fut rectifié, nous reprîmes le chemin de Bicêtre. Nous fûmes étonnés en abordant le fort d'Ivry d'entendre siffler au-dessus de nos têtes des obus français. Nous rentrions au quartier à l'heure du déjeuner. On apporta une dépêche. Le général, un peu pâle, nous dit : « Messieurs, il va falloir monter à cheval,

2

les Prussiens nous attaquent sur la ligne de Vitry. » Je
répondis au général : « Mon général, rassurez-vous. La
batterie que le commandant Berthaut vient d'établir dans
le parc Groult a tiré quelques coups sur les Prussiens ; le
commandant Krantz, n'étant pas averti, a pensé que les
Prussiens tiraient sur nous et a riposté vigoureusement,
renseignez-le. » Mon raisonnement était exact, l'ennemi
ne pensait nullement à nous attaquer.

La redoute de Châtillon avait été mise en état de
défense par les Allemands, qui devaient plus tard y installer
leur artillerie de siège après la reddition de Metz. Il était
donc tout naturel que le gouverneur de Paris tentât un
effort pour la reprendre.

L'attaque eut lieu le 13 octobre. Pendant que la brigade
Susbielle se dirigeait sur Châtillon, les mobiles de l'Aube
et de la Côte d'Or, soutenus par quelques détachements
de la brigade Dumoulin, se précipitaient dans Bagneux d'où
ils chassèrent les Bavarois qui l'occupaient ; mais la droite
ne peut avancer dans la direction de la redoute, le commandement hésite et perd un temps précieux ; les Bavarois
restés cachés dans les maisons et dans les caves, selon leur
tactique, tirent par les fenêtres sur nos soldats obligés de
battre en retraite devant les renforts de l'ennemi.

Le commandant de Dampierre était tombé à la tête des
mobiles de l'Aube. M. Casimir-Périer fut cité à l'ordre du
jour. Notre nouvel effort n'avait pas été couronné de
succès.

V

JOURNÉES DU 31 OCTOBRE
ET DU 29 NOVEMBRE

L'Hay et Champigny

Ces tentatives infructueuses furent habilement exploitées par la foule des mécontents et des ambitieux, qui ne voyaient dans les malheurs de la Patrie qu'un moyen facile de s'emparer du pouvoir. Dès le 4 septembre, un parti s'était formé dans Paris, qui, impatient des longueurs de la guerre, accusait hautement dans les journaux les chefs de l'armée d'incapacité et de trahison. Ce parti était le parti de la Commune.

Sa première manifestation eut lieu le 31 octobre, le lendemain de la perte du Bourget et de la nouvelle de la capitulation de Metz. Ce jour était un dimanche. Comme tout était calme aux avant-postes, j'en avais profité pour aller voir à Paris quelques amis. Il était deux heures quand j'appris, quai de la Rapée, qu'une émeute venait d'éclater à l'Hôtel de Ville, que les membres de la Défense étaient prisonniers des insurgés et que ceux-ci venaient de proclamer la *Commune*. Je me hâtai de regagner mon poste par l'avenue d'Italie, au milieu d'une foule hostile et surexcitée. Je ne fus rassuré qu'à la Maison-Blanche, lorsque je rejoignis un bataillon de mobiles bretons qui, l'arme au pied, attendaient l'ordre de marcher sur l'Hôtel de Ville. Cette tentative avorta ; 557.996 voix contre 62.638 approuvèrent la conduite du gouvernement.

Des négociations pour un armistice engagées entre M. Thiers et Bismark n'ayant pas abouti, le général Trochu reprit le cours des opérations militaires.

L'objectif actuel était de forcer les lignes d'investissement et de donner la main aux armées qui opéraient dans la vallée de la Loire. On comptait par là forcer les Allemands à lever le siège de Paris.

La sortie sur la Marne fut ainsi décidée. Entre Charenton et Vincennes le passage de la rivière pouvait s'opérer sous la protection de nos forts ; il ne resterait plus qu'à pousser une pointe hardie sur la Brie.

L'attaque devait avoir lieu le 29 novembre au matin. L'armée de la rive gauche avait pour mission d'opérer une puissante diversion pour contenir les forces prussiennes ; ma division avait pour objectif l'attaque de L'Hay.

Le 29, à cinq heures du matin, je montais à cheval pour me rendre sur le terrain du combat. Il faisait une nuit profonde, je distinguai cependant sur la route d'Arcueil aux Hautes Bruyères un soldat accroupi sur un tas de cailloux. Je lui demandai ce qu'il faisait là et pourquoi il n'était pas avec sa compagnie, et voici la réponse qu'il me fit : « J'étais, dit-il, malade à l'ambulance d'Arcueil. Ce matin j'ai entendu un mouvement extraordinaire et j'ai pensé qu'on allait se battre. Je me suis levé et je suis venu pour me battre avec mes camarades. Je voudrais savoir où est mon régiment. » — « Venez avec moi, lui répondis-je, je vais vous conduire. » Je fus touché de ce trait qui peint bien le vrai soldat français.

Notre sous-intendant ayant installé l'ambulance à la *Briqueterie*, en arrière des Hautes-Bruyères, je lui fis observer que les blessés auraient le temps de mourir en chemin, et je me rendis directement à la redoute d'où l'attaque commença à six heures du matin. Le feu fut d'abord très violent entre les deux tranchées ennemies,

puis les bataillons du 109ᵉ et du 110ᵉ, formant la 1ʳᵉ brigade sous le commandement du général Valentin, s'élan-
cèrent à l'attaque de L'Hay, soutenus par un bataillon de
mobiles bretons. Le feu fut très meurtrier pour nos
troupes, l'ennemi les attendant à couvert dans les maisons
et derrière les murs crénelés. La dynamite demandée au
général Javain n'arriva que le lendemain et ne put être
utilisée. Les obus et les balles sifflaient de tous côtés.

C'est vers huit heures que je rencontrai le général
Vinoy, qui était accouru de son quartier général au bruit
du canon. « Monsieur l'aumônier, me dit-il, que faites-
vous là ? Vous vous exposez trop. » — « Je fais mon
devoir, » répondis-je au général, et, en effet, j'allais, accompagné de deux médecins des ambulances de la Presse que
j'avais invités à me suivre, relever dans une pépinière un
blessé qui ne pouvait marcher. « Comment se fait-il que
l'on ait attaqué ce matin ? La sortie sur la Marne n'a lieu
que demain. »

On avait oublié de nous prévenir...

Le général Javain nous envoya bien le lendemain la dynamite dont nous avions besoin pour l'attaque de L'Hay.

« Comment, écrit à ce sujet le général Vinoy, depuis
le matin, avec un effectif insuffisant, avec des moyens
matériels d'artillerie et de génie insuffisants, le commandant de la 3ᵉ armée s'épuisait à soutenir une lutte inégale
et meurtrière, pour attirer sur lui les efforts de l'ennemi,
et favoriser ainsi la grande opération entreprise sur un
autre point !

» Maintenant il apprenait que tous ses efforts étaient
inutiles, que les pertes qu'il avait faites et le sang qui
avait été répandu demeuraient sans résultat ! Cette bataille

au succès de laquelle il s'était efforcé de contribuer, en exposant encore plus que de coutume les troupes qu'il commandait, on l'informait qu'elle était différée, et *on n'avait pas songé à le prévenir* d'ajourner son attaque » (1).

Accompagné de mes deux médecins des ambulances de la Presse, les docteurs Lupus et Andrieu (2), portant mon brancard et le drapeau d'ambulance, je m'avançai en avant des tranchées ennemies au secours du blessé. Nous fûmes accueillis par une grêle de balles qui nous sifflèrent aux oreilles. « Laissons passer le feu, dis-je à mes compagnons, couchons-nous, mais tenez haut le drapeau blanc pour montrer que nous ne sommes pas morts. » Les Allemands, en effet, persuadés que nous n'étions pas atteints nous envoyèrent plusieurs salves. J'entendais distinctement le bruit mat des balles pénétrant dans le sol, et après chaque décharge je remuais mes membres pour savoir si je n'étais pas blessé ; ma grosse capote fut seule endommagée. Je fis à M. Jules Favre, membre du gouvernement de la Défense, un rapport sur cette violation flagrante des lois de la guerre qu'on a eu plus d'une fois à reprocher aux Allemands.

Rentré aux Hautes Bruyères, je priai le général de Maud'huy de demander un armistice, car la retraite avait sonné, pour relever les morts et les blessés. Il me répondit un peu durement que cela n'était pas nécessaire. « Je vais voir, » répondis-je au général et je m'aventurai de nouveau en avant de nos tranchées. Je fus reçu par des coups de fusil que tiraient les grand'gardes ennemies postées en

---

(1) Général Vinoy, *Siège de Paris*.
(2) Voir le *Gaulois* du 6 décembre 1870.

avant de Bourg-la-Reine. Cette fois le général se rendit à l'évidente nécessité.

Un des premiers morts que je ramassai fut le capitaine des mobiles du Finistère de Guëbriant. Je n'ai jamais vu mort plus impressionnant. Le capitaine, homme d'une force et d'une beauté remarquables, était étendu sur le dos, les yeux grands ouverts, le bras droit en avant, le sabre tendu vers l'ennemi. Il était tombé foudroyé d'une balle au cœur. L'abbé du Maralhac, aumônier du bataillon, se chargea de lui faire rendre les derniers devoirs.

A la première maison de L'Hay, sur la route d'Arcueil, je trouvai sept de nos soldats étendus sans vie. Cette maison avait été prise et reprise trois fois. L'un des morts avait le crâne emporté. « Celui-là, me dit un sous-officier poméranien, me tenait en joue, j'étais perdu quand un obus du fort de Montrouge lui enleva la tête. »

Ce jour-là nous avions perdu deux mille hommes, dont trente officiers, inutilement.

Le lendemain 30 novembre, j'étais aux Hautes-Bruyères à six heures du matin. On ne pouvait demander à nos troupes décimées l'effort de la veille. L'artillerie seule pouvait faire diversion et inquiéter l'ennemi. L'amiral Pothuau était avec nous. « Le colonel Lamendey vous cherche, Monsieur l'aumônier, me dit l'amiral. — Bien, répondis-je, je vais le confesser. » Le colonel Lamendey avait une tout autre préoccupation : « Je vous cherchais, me dit-il, parce que vous avez été hier chez les Prussiens et que vous pouvez donner des indications à nos artilleurs. » Nous étions près d'une pièce de 30 commandée par un officier de marine : en bas de la redoute, à droite, se trouvait une batterie de 12 sous les ordres d'un capitaine de l'artillerie de marine. « Voyez, lui dis-je, cette ligne jalonnée par un arbre sur notre droite. Il y a là un mur continué par un épaulement, les Prussiens y sont en grand nombre. — A quelle distance, me demandèrent les officiers ? — J'avoue, répondis-je, que j'ai oublié de prendre les distances, mais pointez à 1 600 mètres. » Le petit capitaine descendit en hâte à sa batterie. L'officier de marine, plus grave, commanda : « Sept encablures ! » L'obus de 3o porta 100 mètres trop court. Du premier coup la batterie de 12 abattait le mur indiqué.

Quelques jours après, dans le faubourg du Temple, des gardes nationaux qui avaient été envoyés en démonstration sur le plateau de Villejuif disaient : « Nous sommes sauvés, nous avons vu l'archevêque de Paris faire tirer le canon. »

Je fis part de cette réflexion à Mgr Darboy, qui m'avait promis de venir visiter les avant-postes, pour lui prouver que sa visite serait bien accueillie. Il en fut détourné par son entourage qui, par la bouche de M. Lagarde, exprimait quelque dépit de me savoir chez Mgr Darboy, pendant que mon cheval était tenu en main dans la cour de l'Archevêché : « Nous nous demandions quel officier général recevait Monseigneur. »

Vers dix heures du matin, j'étais au fort de Bicêtre quand on nous amena une vingtaine d'Allemands faits prisonniers à la première attaque de Champigny. Ils paraissaient bien portants et résignés à leur sort.

Du haut du fort de Bicêtre, à l'aide de jumelles marines, nous suivions toutes les péripéties de l'action qui se déroulait sur le plateau de Cœuilly et sur celui de Montmély jusqu'aux pentes qui dominent Villeneuve-Saint-

Colonel Crépy. | Godard. M. Chef de Popote. | Aumônier Meuley. | Cap. de Malglaive.

Com.t Durostu. | Cap. | Lacoste | Gén. de Maud'huy. | S.Int. Triadou.

Com.t Meusnier. | Cuveiller ad. Deslorges. | Gendarme Nabille | Sous-Off. ...

ÉTAT-MAJOR DE LA DIVISION DE MAUD'HUY
(Dessin humoristique du Lieutenant Cuveilher.)

Georges, entre la Seine et la Marne. Le général Ladreit
de la Charrière fut tué à l'attaque de Montmély, que sa
brigade ne put conserver.

Il était profondément pénible de voir les bataillons
prussiens s'avancer à la suite de leur artillerie, comme à
la manœuvre, jusqu'aux portes de Créteil. Je vois encore
le cheval blanc d'un de leurs commandants marcher au
pas sous la protection des canons, comme à la parade.

On sait le résultat négatif de cette première journée.
Celle du 1ᵉʳ décembre se passa sans combat. L'attaque fut
reprise le 2 décembre.

On s'attendait à ce que Créteil fût investi par les Allemands. Le général Blaise reçut l'ordre de s'y porter avec
un régiment et une batterie d'artillerie. A neuf heures du
matin nous prenions la direction de Créteil, le général
Blaise, le commandant d'artillerie Berthaut et moi à la
tête du détachement. Arrivés à Maisons-Alfort, nous
partîmes au galop en éclaireurs, le commandant Berthaut
et l'aumônier. Arrivés à une barricade que j'avais déjà
franchie, le factionnaire me montra le corps d'un franc-
tireur qui venait d'être tué. Nous étions au carrefour
Pompadour et la barricade prochaine était défendue par
les Prussiens, sur la route de Villeneuve-Saint-Georges.
Force nous fut donc de prendre à gauche, à travers les
terres fortement gelées, en face des tranchées ennemies,
pour gagner Créteil où nos troupes arrivaient. Il y avait
8 à 10 degrés de froid, nos chevaux étaient blancs
d'écume. La journée se passa sans offensive sur ce point ;
notre mission était terminée. Aussi, déclinant l'invitation
du général Paturel qui voulait nous abandonner Créteil,
nous reprîmes à la nuit le chemin de Villejuif.

VI

EXPÉDITIONS SOUTERRAINES

La Bièvre et la Vanne

Un jour, un paysan de Gentilly, fossoyeur de son état, était venu nous annoncer une découverte mystérieuse. Il connaissait, nous disait-il, un chemin souterrain permettant de sortir au-delà des lignes prussiennes très facilement. Il s'agissait de l'aqueduc d'Arcueil conduisant les eaux de la Bièvre à Paris.

Notre désir de profiter de tous les moyens de défense était si grand que nous résolûmes d'explorer le fameux aqueduc.

Nous partions donc à dix heures du soir, par une nuit glaciale, notre sous-intendant Triadou, le capitaine de Malglaive, Lacoste et moi en compagnie de notre guide armé d'une pioche. Nous nous arrêtâmes à l'édicule de pierre qui sur la route d'Arcueil à Gentilly protège un des regards de l'aqueduc. Comme nous n'avions pas la clef de la porte donnant accès à l'intérieur, force nous fut de faire une brèche suffisante pour le passage d'un homme. Nous voulions tenter tous les quatre l'exploration, mais le capitaine de Malglaive nous fit observer que nous nous gênerions les uns les autres et se proposa pour tenter seul l'aventure. Il descendit, armé d'une lanterne sourde et de son revolver, et nous l'attendîmes pendant plus d'une heure, au milieu d'un brouillard glacé. Il nous rendit compte de son exploration.

L'aqueduc était accessible sur une longueur de 700 à 800 mètres, mais au-delà il y avait à peine trace de voûtes et on ne pouvait marcher qu'en rampant. Il ne fallait pas songer à y engager une troupe.

Quelques jours après, malgré l'insuccès de cette première tentative, et avec le même désir, je résolus d'explorer l'aqueduc de la Vanne qui passe entre L'Hay et Arcueil. Aucun officier ne voulut m'accompagner. Je demandai au commandant Mangin deux sous-officiers du génie, intelligents et déterminés. Je m'étais muni d'une lanterne, les sous-officiers avaient à la main leurs chassepots chargés. Je leur avais donné la consigne, si nous rencontrions des Allemands, — la chose était possible, — de tirer vivement et de se coucher ensuite.

Le tronçon dans lequel nous nous engageâmes d'abord était en parfait état, on se tenait aisément debout, le diamètre des tubes étant de 2 mètres. A une centaine de pas l'aqueduc faisait un coude de 50 degrés que je notai, et nous marchâmes dans cette nouvelle direction. A un point donné nous entendîmes parler au-dessus de nous. C'était notre poste de grand'gardes au-dessous duquel nous passions. Mais hélas ! plus loin les travaux étaient à peine commencés, et après nous être glissés à travers de puissants échafaudages, il nous fallut battre en retraite, la route était barrée. Il eût été beau pourtant de faire sortir pendant la nuit un régiment qui, au jour, aurait culbuté les Prussiens par derrière, mais ce n'était qu'un rêve.

Les Allemands n'ont jamais songé à attaquer de vive force nos positions et pourtant elles n'étaient pas imprenables. Un jour que j'étais allé dans les tranchées d'avant-

postes avec le colonel Berthaut, je le laissai rentrer seul
par la gorge des Hautes Bruyères et, trouvant le chemin
trop long, j'escaladai le blockhaus de front de la redoute.
Je grimpai ensuite jusqu'à une embrasure où je me trouvai face à face avec le colonel Crépy qui, une longue-vue à
la main, inspectait les positions ennemies. Je répondis à
son étonnement : « Ce n'est pas plus difficile que ça de
prendre les Hautes Bruyères. »

VII

MORT DU GÉNÉRAL BLAISE
à la Ville-Evrard

Le Bourget fut pris le 21 décembre. La brigade Blaise
reçut l'ordre d'aller occuper Groslay et la Ville-Evrard. Je
demandai au général de Maud'huy d'accompagner le
général Blaise. Il s'y refusa, me disant que le gros de la
division restant à Villejuif je devais rester à sa disposition.
J'eus plus tard l'intuition que si je l'avais accompagné, le
brave général Blaise, que j'aimais beaucoup, n'aurait pas
été tué, car certainement je lui aurais rappelé les mesures
de prudence qu'il eut le malheur de négliger en occupant
la Ville-Evrard. Lorsque les Saxons attaquèrent le parc à
la nuit, quelques-uns d'entre eux sortirent des caves où
ils étaient restés cachés, et le général Blaise fut tué sur le
seuil, à bout portant. Son officier d'ordonnance, le capitaine de la Chaize, ne dut son salut qu'à un bain forcé dans
la pièce d'eau du parc.

Le 23 décembre les obsèques du général Blaise eurent lieu à la Madeleine : son cercueil était accompagné de celui d'un soldat tué à ses côtés. M. l'abbé Deguerry, qui avait l'intention de prononcer quelques paroles, y renonça quand je lui communiquai le discours que j'avais préparé : « Parlez, petit, » me dit-il.

Dans la soirée de Noël nous étions réunis chez le général, après un dîner auquel avaient assisté l'amiral Pothuau et M. de Tocqueville, sénateur oncle de M. de Maud'huy, en costume de garde national. Il était neuf heures : « Et dire, m'écriai-je, que pendant que nous sommes à la viande de cheval, les Prussiens, autour de nous font bombance avec des oies grasses ! » Je ne les enviais pas, car je déteste les oies, mais la pensée de leur présence autour de nous m'était odieuse. « Que voulez-vous que j'y fasse, me répondit le général ? — « Mon général, à votre place j'y ferais quelque chose. Vous avez toute votre artillerie chargée et pointée sur les positions des Prussiens, envoyez-leur du fer. » — « Ce sera bien inutile, mais pour vous faire plaisir je vais donner l'ordre. » Une dépêche fut passée aux Hautes-Bruyères et dix minutes après la grosse voix des pièces de 30 se faisait entendre, ponctuant la nuit de ses notes graves.

Cinq jours après, un factionnaire prussien était tué aux avant-postes. J'ai conservé la boîte en fer-blanc contenant ses cartouches ; dans une de ses poches se trouvait un numéro de la *Gazette de Silésie* dans lequel nous pûmes lire : « Ces diables de Français ne nous laissent pas dormir. Dans la nuit de Noël, des chasseurs Saxons étaient en train de festoyer dans une maison de Rungis, quand un *pain de sucre français* est tombé dans

la salle. 7 chasseurs ont été tués et 4 blessés. » « Eh bien !
dis-je au général, en voilà toujours un qui a porté. »

Hélas ! du côté des Prussiens l'activité était la même.
Mon ami l'abbé Gros, qui se trouvait au plateau d'Avron
avec des mobiles parisiens, fut tué dans son réduit par un
obus allemand.

VIII

LE BOMBARDEMENT DE PARIS

Le bombardement de Paris commença le 27 décembre.
Les Prussiens avaient renoncé à une attaque en règle des
forts du sud et de l'enceinte. Ils pensaient qu'un bombardement ne les exposait à aucune perte et agirait par
intimidation.

C'est seulement le 5 janvier 1871 que l'ennemi commença de bombarder nos positions. Le moulin Saquet
fut le principal objectif des batteries de Thiais et de Chevilly. Je m'y rendis dès le matin, avec une section d'infir-
miers et un major. Nous dûmes nous défiler par les pentes
de Vitry pour entrer dans l'ouvrage, les obus pleuvaient
de tous côtés.

Notre major, un peu obèse, me criait : « Pas si vite,
Monsieur l'aumônier, je ne puis pas vous suivre. » —
« Hardi, lui répondis-je, vous vous reposerez là-haut. »
Le 111ᵉ et le 112ᵉ, avec leurs colonels Scholer et Lespieau,
occupaient le chemin creux de Vitry qui les protégeait
contre les projectiles.

La terre gelée était couverte de neige durcie, ce qui

Janvier 1871

rendait plus sec le bruit d'éclatement des obus. Je m'installai dans une casemate située à la gorge de l'ouvrage et y restai jusqu'à ce que le bombardement de la redoute eut cessé. Quelques officiers m'entouraient. La casemate était formée de poutrelles recouvertes de sacs de sable. « Sommes-nous en danger ici ? me demanda l'un d'eux — Capitaine, lui répondis-je, tant qu'ils tireront du 6, nous n'avons rien à craindre, mais le 12 entrerait comme dans du beurre. » Heureusement pour nous qu'ils ne tirèrent que du 6 et nous n'eûmes que 3 soldats blessés légèrement. En sortant de la casemate, je ramassai un obus qui n'avait pas éclaté et le rapportai à Bicêtre. Le lendemain j'en fis l'autopsie en règle et donnai de toutes les pièces du projectile un dessin exact au colonel Berthaut qui en fut vivement intéressé. L'obus n'avait pas éclaté parce qu'il n'était pas chargé. J'eus l'occasion de recueillir d'autres obus de 12 qui étaient chargés mais qui, en tombant sur du sable, avaient, par pression, introduit par un petit évent un tampon entre la capsule et la charge de poudre. J'étais devenu très expert en la matière.

Le fort de Bicêtre ne fut pas mieux traité que ses voisins. Cela nous intéressait directement, car les coups trop longs nous jetaient des obus dans nos cours et dans les jardins. Un jour après-midi, l'un d'eux vint tomber dans le jardin du Directeur à quelques pas de nous. Il fit cinq ou six culbutes et s'arrêta sans éclater ; j'en fis immédiatement cadeau au général de Maud'huy après l'avoir débarrassé de sa poudre.

Je fis de cette poudre un emploi qui mérite d'être mentionné.

Le chef d'Etat-Major qui avait succédé au colonel Crépy

avait plusieurs fois manifesté au général le désir de voir transporter ses bureaux ailleurs que derrière le fort de Bicêtre. « Je crains pour les archives de la Division, » disait-il au général. Pour appuyer ses craintes voici le moyen que j'employai, après avoir demandé l'autorisation du général.

J'avais rapporté d'une excursion dans une usine abandonnée de Gentilly un fort tube de caoutchouc d'environ 50 centimètres de long. Après l'avoir fermé d'un bout, j'introduisis de l'autre ma charge de poudre du poids de 1 kilo. Je le ficelai fortement en l'enveloppant de papier de manière à en faire une forte fusée. Un matin, vers dix heures je déposai l'engin allumé sur le toit du petit bâtiment de l'Etat-Major avec l'aide du sous-lieutenant Cuveilher. Une violente détonation retentit et fit sortir des bureaux le chef d'Etat-Major qui, pâle et inquiet, vint aussitôt renouveler ses plaintes au général. C'était l'heure du déjeuner. La conversation roula sur l'incident. Le colonel Lucet déplorait la barbarie des Prussiens qui tiraient sur un établissement hospitalier. Nous vivions, en effet, depuis quatre mois, au milieu de tous les varioleux de l'armée que l'on avait concentrés à Bicêtre. Le général affirmait au chef d'Etat-Major que dès le jour-même ses bureaux seraient transférés ailleurs. Notre nouveau commandant d'artillerie, ancien professeur à Polytechnique, le commandant Saulnier, fit réclamer les restes de l'engin, et quand on eut retrouvé les morceaux du tube, il émit l'opinion qu'à raison de son poids léger la fusée ne venait pas des Prussiens, mais de quelque expérience tentée au fort voisin de Bicêtre. « Je vais de ce pas, dit-il, demander des explications au commandant Fournier. » Je le suivis

dans la cour. « Mon commandant, lui dis-je, n'allez pas
à Bicêtre, on en rirait, je vais vous expliquer la nature de
l'engin. » Devant mes explications, il n'insista pas et rentra
au quartier. Le chef d'État-Major prit fort bien la chose et
ne m'en garda pas rancune. Après l'armistice, il me pré-
senta un jour à sa femme en ces termes : « Monsieur
l'aumônier de la division, celui qui a fait la fusée. »

Il fallait bien ne pas se laisser intimider par le bombardement.

IX

LA CROIX DE LA LÉGION D'HONNEUR

Derniers épisodes

Le bombardement continuait. Le soir nous voyions le feu
des batteries de Châtillon : nous entendions les cornes des
guetteurs des forts annonçant le projectile et nous suivions
dans les airs au-dessus de nos têtes le sillage des obus qui
allaient éclater dans Paris sur les malheureux quartiers de
la rive gauche si tristement éprouvés.

Le 14 janvier, j'étais allé à Paris faire quelques visites.
Quand je rentrai à 5 heures, le capitaine Godard, officier
d'ordonnance du général, aujourd'hui commandant du 8ᵉ
corps d'armée, vint me dire : « Monsieur l'aumônier, le
général vous a fait chercher, il désire vous parler. » Je me
rendis aussitôt chez le général qui me dit : « Mon aumônier, j'ai une communication importante à vous faire,

voici votre nomination de Chevalier de la Légion d'honneur en date du 7 janvier. » Il me donna l'accolade et je le remerciai cordialement. J'éprouvai une grande satisfaction de recevoir cette récompense du Ministre de la Guerre, pensant surtout que cette nouvelle, que je leur adressai par ballon, ferait grand plaisir à mes parents. Ils la reçurent huit jours après et en ressentirent une grande joie. Ils ne pensaient pas plus que moi alors aux jalousies que me vaudrait cette distinction à laquelle on ne peut reprocher comme à tant d'autres d'avoir été obtenue par l'intrigue.

Je m'intéressais à toutes les opérations et à tous les détails de la guerre. Notre division, je l'ai dit, était la seule qui ne fut jamais envoyée dans Paris pour se reposer, tant elle était identifiée avec les positions qu'elle défendait, et la seule qui ait gagné du terrain sur l'ennemi au lieu d'en perdre. Si les autres divisions de l'armée de Paris s'étaient conduites comme la nôtre, sous le commandement d'un chef ne doutant pas de la victoire, les Prussiens auraient été obligés de lever le siège de Paris. Demandez sur ce point l'avis du général de Blumenthal, dont l'opinion concorde avec la mienne.

Nos tranchées Tripier nous avaient rapprochés des positions prussiennes. « Ce qu'il faudrait, disais-je au général, ce serait quelques batteries de mortiers qui, sous un angle de 45 degrés, jetteraient des bombes dans les tranchées ennemies. — Qui commanderait ces nouvelles batteries ? — Je vous demande, mon général, le commandement de la première. — Et moi de la seconde, répondit le capitaine de Malglaive. » Les batteries furent demandées, mais le général Pélissier oublia de nous les envoyer.

Il est fâcheux de constater que le haut commandement

n'avait aucune confiance dans le succès des opérations militaires. Dès lors pourquoi combattre lorsqu'on refusait d'avance la victoire ?

Le combat de Buzenzal, du 19 janvier, fut engagé sous ces fâcheux auspices. On voulait faire marcher la garde nationale, mais on n'avait aucune confiance en elle. Il faut avouer qu'on n'avait peut-être pas tout à fait tort. Le général Valentin me raconta, en effet, qu'il avait brisé sa canne sur le dos d'un capitaine de la garde nationale qui à l'attaque du parc avait crié : « Sauve qui peut ! ».

L'insuccès de cet effort a été attribué à deux causes : l'absence de l'artillerie au moment décisif de l'attaque et le malentendu qui retarda l'entrée en ligne de l'aile droite commandée par le général Ducrot.

Le terme de la résistance de Paris était facile à prévoir. Il y avait encore des munitions, mais le pain allait manquer. Vouloir prolonger une résistance stérile était ajouter les horreurs de la famine aux privations dont la population de Paris avait souffert si courageusement. Un armistice fut signé le 28 janvier à Versailles.

Les hostilités devaient cesser à minuit. Les Allemands interprétèrent la convention d'une façon odieuse. Ils canonnèrent nos positions, qui ne jugèrent pas à propos de riposter, jusqu'à minuit. Le matin du 29, en allant aux Hautes Bruyères, je distinguai les éclats d'obus tombés pendant la nuit et je pus constater la violence du tir. Les anciens éclats étaient couverts de rouille, ceux de la nuit étaient noirs de poudre.

Il y avait aux Hautes Bruyères un bataillon de mobiles de la Côte-d'Or. Les officiers entouraient le général Martenot et manifestaient vivement leur indignation d'être forcés par l'armistice de déposer les armes. Le général profita de ma présence pour s'esquiver. « Monsieur l'aumônier va vous donner des explications, dit-il aux officiers. » Pendant que je donnais ces explications, une grosse mouche bourdonna à mes oreilles. C'était une grosse balle de fusil de rempart tirée par les Prussiens du haut du clocher de L'Hay. Les Prussiens prétendaient que nous réparions nos embrasures, ce qui était contraire à l'armistice. La vérité était que des marins retiraient du sable des obus qui n'avaient pas éclaté. Je prévins de suite le général qui défendit aux soldats de donner ce prétexte en se montrant sur les gabions. J'évitai par là plus d'un malheur.

Enfin il nous fallut tout quitter pour rentrer dans Paris morne et abattu. Le siège était terminé. Depuis le 18 septembre, nous n'avions pas perdu le contact avec l'ennemi.

Notre division eut seule l'honneur de rester intacte et ne fut pas désarmée. Notre quartier général était au Palais du Luxembourg où je restai jusqu'au 9 février, date de mon licenciement.

1902

ÉPILOGUE

Je fus donc licencié le 9 février 1871. Je retournai à Saint-Joseph reprendre mes fonctions de vicaire. Je dois avouer que je fus mal reçu par mon Curé, qui voyait ses craintes réalisées, car je portais comme lui sur ma soutane le ruban de la Légion d'honneur. De plus, non seulement ma part de casuel avait été partagée entre mes confrères, ce qui était justice, mais encore mon traitement fixe attaché à mon titre de vicaire que je n'avais pas perdu m'avait été enlevé. J'en informai l'Archevêque de Paris qui jugea que, dans ces conditions, je ne pouvais rester à Saint-Joseph et qui, connaissant mes goûts et mes aptitudes, me nomma *in petto* premier aumônier du Collège Ste-Barbe. Quelques jours après, et avant d'avoir signé ma nomination, Mgr Darboy était enfermé à Mazas et à la Roquette, d'où il ne devait sortir que pour être fusillé.

Quand l'ordre fut rétabli après la Commune, Mgr Guibert, archevêque de Tours, fut nommé archevêque de Paris par la Délégation gouvernementale dont faisait partie M. Crémieux.

Aussitôt son installation sur le siège de Paris, le général de Maud'huy alla le trouver pour lui demander d'exécuter en ma faveur les intentions si bienveillantes de Mgr Darboy. Sa démarche ne fut pas heureuse. On répondit à ses éloges par des fins de non recevoir, et quand le général de Maud'huy crut avoir trouvé un argument décisif en disant à l'Archevêque : « Pendant cinq mois vous ne pouviez pas savoir ce qu'a fait M. l'abbé Meuley et je regarde comme un devoir de conscience, puisqu'il a servi sous mes ordres pendant ce temps, de venir rendre hommage à son mérite, » on lui rit au nez et on lui tourna le dos.

Le général avait commis l'imprudence de montrer à Mgr Guibert une lettre fort élogieuse que Mgr Darboy lui avait écrite à mon sujet.

J'ai porté depuis le poids de cette puissante recommandation.

TABLE DES MATIÈRES

www.ingramcontent.com/pod-product-compliance
Lightning Source LLC
Chambersburg PA
CBHW060745280326
41934CB00010B/2362